AF235439

Arnold Wohler

Die Zauberfee

Gedichte

Gedichte von Arnold Wohler

Die Zauberfee

Gedichte von Arnold Wohler

Bibliografische Informationen der Deutschen Nationalbibliothek: Die Deutsche Nationalbibliothek verzeichnet diese Publikation in der Deutschen Nationalbibliografie; detaillierte bibliografische Daten sind im Internet über dnb.dnb.de abrufbar.

©2022 Arnold Wohler
Herstellung und Verlag: BoD – Books on Demand, Norderstedt

ISBN: 978-3-7557-9662-6

Inhalt

Gedichte von Arnold Wohler

Gedichte von Arnold Wohler

Die Zauberfee

Es lebte einst im tiefen Wald
eine Zauberfee,
ihr Haar war weiß wie Schnee,
wenn nachts die Sterne leuchteten
und am Tage war es golden.

Ihre Augen waren grün
wie der tiefe Fluss;
ihr Gesicht war wie der weiße Felsen,
der stolz und wagemütig
über das Land so gütig
noch immer blickt.

Sie hatte Zauberkräfte,
sandte Regen und Sonne,
wo die Tiere glücklich waren,
sie lebten in Frieden.

Sträucher und Bäume sie beschützten,
frei wuchsen sie auf der Muttererde
und blühten, wenn der Frühling kam,
füllten die Luft mit Düften.

Die Vögel dann
in den Ästen sangen
das Lied der Zauberfee.

Bis ein Geist dann kam,
der an diesen Träumen rüttelte
und sich mühte,
ihr Leben zu verspotten
und die Tiere zwang
zu leben nach seinem Gesetze.

Die Zauberfee, sie wehrte sich nicht,

denn ihre Kräfte schwanden:
Das Lied verklang,
das Baum und Tier einst sangen,
bis sie endlich starb.

Und die Tiere weinen um sie,
die Bäume geben sich der Trauer hin.
Der Fluss sie tröstet,
weil die schöne Fee
als Nebel in den Bergen
an seiner Quelle singt,
ihr eigenes Lied.

Das Wasser es in die Täler trägt,
wo die Tiere lauschen
und die Bäume rauschen
und hier und da
die Melodie erklingt.

Maulwurf

meine
meine

deine
deine

meine
deine

deine
meine

deine
deine

meine
meine

... Liebe.

Anglerglück

Barteln wie Kiemen gemustert, das Maul
zerfetzt, vollgeflößt, wild wägend mit
den Flossen, bei lebendigem Leib
wird er aufgeschlitzt, die Innereien in
den Fluss geworfen, eingewickelt verdreht
der Augapfel sich, spähend, bis das Messer
die Schuppen ihm abwetzt

und ihn köpft.

Vollmond

Nachts
liegt mein Liebchen wach
gequält
vom Gesang des Katers

erst
wie sie mich weckt
mit zartem Seufzer

verstummt er ...

Altes Stempelmärchen

Erst
als das Kissen
aufgebraucht war,
legte auch der Stempel
sich schlafen ...

... und träumte
von einem weichen Federbett.

Glückspilz

Endlich
hab' auch ich einen Glückspfennig
gefunden, den
irgendjemand verloren hat, der nun
Pech hat und ich
habe Glück!

Surfen

1.

Ich ziehe mich zurück
ins Internet:
mein Leben
verlagert sich
ganz ins Private

draußen
war einmal das Paradies

Trauer um das
was ich einst war
durch dich.

2.

Das Leben im Netz:
überall
zappelt es
leuchtet
und glänzt
in schillernden Farben

hoch hinauf
wird es gezogen
und aufs Deck
herabgesetzt

dort wird es geöffnet
und der Fang wird aussortiert

nach Größe und Gewicht
nach Aussehen frisch
in Salz gelegt

während draußen das Meer
weiter tobt
um jeden einzelnen
Mausklick.

3.

Vor dem Computer träumen
und alle Viere hängen lassen
abstürzen
ins Bodenlose
und jede Erinnerung
auslöschen ...

4.
Doch Halt:
da bin ich ja
doch noch einmal
ein letztes Mal!

Auf Knopfdruck
verschwindet es
für immer ...

La petite mort

Als ich mich endlich
über dich beugte
brach sich die Welle über mich
und spülte mich weit ins offene Meer
hinaus.

Nichts konnte mich mehr halten.
Nichts konnte mich mehr retten,

ich ertrank
in deinen Armen.

Ganz auf der Höhe,
im Sonnenlicht
vernahm ich
noch dein Lächeln

Deine Flügel
streckten sich
in den Himmel

Und nur langsam
trug der Wind
den Augenblick
davon,

so dass man es nach und nach
ganz klar sehen konnte:
ein Engel hoch am Himmel stand
und mir entschwand.

Erwachen ein Leben lang

1.
Das Leben
war ein Traum:

Wir wandelten
auf Wassern

Wir bekehrten
uns zu einem
Gott

Wir sahen
die Welt
nie mehr wieder ...

2.
Alles
wuchs in uns

Alles
verging

Alles
ließen wir
hinter uns

3.
Wir sahen
Menschen
hineingehen

Und wir folgten
ihnen
so lange
wir lebten.

4.
Ich liebte
jedes Licht
in der Nacht,

das meine liebe
Mutter für mich
träumte ...

5.
Beten
ist Lieben,

Lieben
Ist Leben,

Leben
Ist Beten ...

6.
Bitte,
geh' nicht fort
bitte, bleibe hier
mach' die Welt
zum Paradies!

7.
Der Weg
ist immer

Wie schön,
ihn mit dir
zu gehen

bis zum Ende.

Naturschutz

1.
Für die Tiere bleibt
nur ein grüner Streifen ...
auf dem sie
ein paar Tage,
vielleicht ein paar Wochen
wenn es gut geht ...

sogar ein paar Monate
überleben können,

eine Zukunft
gibt es für sie jedoch
dort nicht mehr ...

2.
Im Tiefflug
gleitet die Nachteule noch einmal
durch ihn hindurch
und schießt weit
über seine Grenzen hinaus,

unversehens ins Freie,

so dass jeder es sehen kann,
mit welcher Schönheit
das Tuch hinter uns fällt
und die Landschaft
für immer verhüllt …

3.
Die Landschaft
wird geschlachtet:

riesige Blutlachen breiten sich aus ...

in jeder
noch so einst geliebten Stille
wird der Bolzen angesetzt,

der tief
in unser Gehirn eindringt
und alle Erinnerungen an sie
auslöscht,

unterdessen bleibt das Auge der Kuh weit
aufgerissen bis zum Schluss.

Romantisches Naturgedicht

Der Wald
ist entweiht,

auch Rehe
gibt es nicht mehr,

der Fuchs
und der Igel
sind tot

und auch der Fluss
trägt seine ölige Fracht
dem Schwarzen Meer zu.

Wildwechsel

Meine Gedichte liest keiner mehr
auf:
sie fallen alle zu Boden ...

Blatt für Blatt,
unaufhörlich,

werden nass
und modrig ...

Eine Schneedecke
bedeckt sie -
wenn sie Glück haben -
bis zum Frühling!

Allzu oft aber
fallen die Gärtner fleißig über sie her
und versacken sie
mit Motorenlärm
in blaue Plastiktüten,

dann denkt Keiner mehr an das

Eichhörnchen,
den Igel,
oder gar an den
rotbraunen Fuchs im Abendrot,

den man von weitem noch sehen kann,
wenn kein Mensch ihn wittert.

Maria Himmelfahrt

Endlich
öffnete der Himmel sich
dort, wo sie
mit ihren kleinen Flügeln
gerade noch hindurch konnte ...

Endlich
war der Himmel blau
voll der Augen Gottes

Endlich
Konnte sie atmen ...

Den Hauch Ewigkeit
bekamen wir
zu spüren hier
auf Erden

Endlich
War der Himmel
Voll der Tränen

II.

Oh, lasst uns beten,
ganz neu,
von Beginn an

unser
Vater unser, der nun
den Tag erweckt

voll des Lichtes,
voll der Liebe
und voll der Wunder ...

Ade, du schöne Seele –
kehrst zurück
Nach Hause!

Die Bedrohung des Menschen durch den Wald

II.
Das Reh
verlief sich
als der Wald alle Spuren
verlor,

der Kauz
flog unruhig,
früher
als ihm gestattet war,

nur die Ameisen
schienen beruhigter
bei so viel Schlagholz
aufeinmal ...

III.
Auch das Wiesel
schnellte verwirrt

märchenhaft zart durch den Augapfel
hindurch

schlank,
wie die Netzhaut, die sich am
Eisengusshammer benetzte

Dem Horizont spitz zugeneigt
fraß er sich
seinen Weg frei ...

Endlich
sah man es wieder

märchenhaft zart

fliehend über Beton huschen ...

IV.
Dem Tode geweiht

Zeigt sich die Natur
mit jedem Strauch
als ein klärendes Wunder,

dass dabei die Seele erkrankt

und wütet
im Gewebe,

das Haar
herauszieht,

Zweige
Knospen

fallen lässt.

V.
Unglücklicherweise
zeigte der Baum noch
rotzfrech
Vögel ...

keinen einzigen
nahm er zurück!

VI.
Über allen Wipfeln
ist Ruh'
von alle dem
spürst du

kaum einen Hauch ...

Liebeserklärung

1.
Du verhilfst mir unentwegt
zu neuen
Formulierungen,
wie beispielsweise:

"Ich liebe dich!"

Gerade jetzt -
in diesem Moment!
Bleibe so,
wie du bist -
beweg' dich nicht!

So will ich dich!

2.
Schon morgens vor dem Spiegel
verliert sich mein Blick:

Stand nicht dort,
wo ich jetzt stehe und auf mich deute
vor kurzem noch ein Baum?

Worte verlieren ihre Bedeutung
über solche Dinge, die mich betreffen

Einfach darüber hinwegsehen, wie sie es
tun,
wäre schön:

Einfach alles stehen und liegen lassen
und so lassen, wie es ist ...
Sich nichts dabei denken, dass alles
doch irgendwie anders ist als man denkt

... so wirklich

... so unfassbar

schön bin ich.

Aus Liebe gemacht

I.
Keine Liebe
bäumt sich mehr
über mich hinweg,

keinen Vogel
hör' ich mehr singen,

nur
das Telefon
klingelt ...

endlich!

II.
Aus Marmor
ist dein Körper gemacht,

deine Stimme ist lieb
wie die eines Engels,

ich fühle mich fast wie Gott:
aufgelöst,
mit Sonne
in den Augen

darunter
der Rest eines Traums

... der beugt sich über mich hinweg
und steht auf,
um Frühstück zu machen

III.
Wie lange
ist es schon her,
da ich so nah
dem Leben war?

So nah dem Hauch
eines lieben Engels,
der nur darauf wartet,
ganz geliebt zu werden,

um dem Leben
ganz nah zu sein.

VI.
Es war einmal:
so könnte das Märchen lauten

die Glocken läuten ohne Unterlass

ich

war einmal

Der Poet

Ein jeder Atemzug
gehört der Welt:
ich sauge das Leben
und hauche Poesie.

Ein jeder Augenblick
gehört uns allen:
wie ich es erlebe,
so empfindest du!

Ein jeder Schlag
von meinem Herzen
ist gleich dem Funken
eines großen Lichts.

Ein jedes Wort
auf meinen Lippen
ist Sprache
des Verstummens.

Ein jeder Gedanke
ist gleich einem Fetzen
Wahrheit,
nach dem ich greife ...

Ein Vers,
ein unbestiegener Berg
inmitten
der Welt.

Dreierlei

1. dichter

buchstaben lagen
wie eisenträger
getragen
von fleisch

und knochen gebrochen

schrieb er es
(nieder)

2. untergetaucht

still
hält
das maul,
das in einer linie
kaut

unter
wasser

über was er

die seekuh
darünter

3. trinklied

er küsst
mich wie
seinesgleichen

mit zunge
kehlhafter
galle
in guß
erbrochen

treibt sein name

Dichterturm

I.
Ich schimpfe mit euch, Grün

in der Halm-,
Blatt-,
Stielsprache …

auf die ewigen Grillen!

II.
Sprache deutet

berührend, drückend, stechend, hinein-
schneidend, rührend, stochernd, zerfet-
zend
mich tötend …

an,

dass es das Leben doch wohl gäbe.

Aquarelle

I.
Mondzart
küsst der Himmel das Blut,
die Wälder
liegen unschuldig wie
in uralter Zeit

eingekugelt

im Morgenrot
lachen sie mit tiefen Furchen
der Sonne entgegen

als hätten sie etwas gesehen
wovon sie nur träumt
wenn der Mond
sie verfinstert zur Nachtglosse.

II.
Harz
im Augenlicht blickt taumelnd
ein Sonnenstrahl
auf
ausgekühlter Haut

im Zungengewächs
greift
die kristallene Glas
einer Kirsche danach

formvollendet zerspringt es

im harzigen Felsen
fasst die Rinde ein Herz
die Amsel zu locken

singend
lässt sie sich nieder
und setzt den roten Augapfel ein

Vom Flug nach Hause

Die heiligen Hallen
über den Wolken,
Kathedralen
ragen tief
hinab zur Erde

Landschaften von
da Vinci's Händen

gemalt

die rauschenden Brunnen
von Michelangelo
bleiben für immer uns
im Ohr ...

schon landen wir
und ganz Rom
ist unser Herz!

Nachtgedichte

I.
Sterne tropfen vom Himmel
der Mond
weint ...

Bäume im Schlafe sich wiegen

Frost
kocht
seinen giftigen Schauer

und hat
über Nacht
alle Tränen vereist

II.
Schmerzen
versteinert
zu Perlen,
die trägt sie an ihrer Brust

und ich träume,
sie liebt wie ich
einst

die Perlen
über Nacht

III.
Aufzeigend
die Narben
im Augapfel,

der leckt
den Papierwurm
nass,
benetzt
das Blickwinkelsystem
systematisch

IV.
Die Zeit,
da das Auge
tränt,

das Herz
stillhält ...

und nur der Regen
träumt durch die Nacht,

endlich
ans Ziel gelangt zu sein ...

V.
Der Morgen naht,
die Wunde zu nähen
und ich nähere mich
dem Schlaf ...

er nährt meinen guten Glauben,
dass einst die Liebe Nahrung
finden werde

und satt sich
schlafen legen darf

VI.
Der Traum
bei Tageslicht
glänzt eigenartig

Tropfstein pflastert den Weg
den ich geh ...

zuhaus' denkt keiner mehr daran -
nur ...

die Mücke
die übernächtigt
ohne Ergebnis blieb

am Morgen
scheiterte ihr Stachel
an meiner Kleidung

VII.
Heilend
verliert mein Traum an Deutung

Gras zeigt sich am Morgen
von Ihr beträufelt ...

und ich liebe,
den ich vorher hasste

VIII.
Die Liebe glühte wie Lava
kochten die Zellen
bis sie erkühlten
zu Felsen ...

und die Sonne
gebar
mein schlagendes Herz.

IX.
Über Nacht
lag ich da
und war endlich
gestorben ...

und ich stand auf
und suchte
das Licht des Tages

von neuem.

Für Gitarre solo

Mein Heim,
darüber sechs Saiten gespannt:

Akrobatisch vollzieht der Seiltänzer
seinen Lagenwechsel
und stößt
gegen den siebenten Bund.

Grund genug,
sich in die Ausgangsstellung
zurückzubegeben ...

Morgen will ich wieder
auf D-Dur-Wanderschaft gehen

von Bach-Lauten begleitet ...

Gebet

Kröne
den Baum,

erhöhe
den Berg,

bette
den Fluss,

führe
die Schnecke nach haus!

(... aber nicht zu schnell)

Versuchungen

Frech lachen die Kirschen
mir in's Gesicht,
umgeben von Blättern,
die wohl nicht wollen
dass man sie sieht.

Doch Süße
hält Ausschau
nach dem lächzenden Gaumen,
ruft die Hand, die sie bricht
zu sich:

Ihr Kern
will zu Boden,
fallen
auf weiche Erde
um Wurzeln zu schlagen ...

Ich,
der sie isst,
helf' ihr mit Freuden!

Der Apfel und sein Mädchen

Mach' die kleine Made
mir nicht malig -
ich hab' sie doch so lieb,
weil sie unersättlich ist
nach Liebe!

Philosophischer Diskurs

Wir können nichts machen

Wir können uns auf den Kopf stellen:

Der Natur
werden wir
keine Bewunderung abringen!

Wir aber
dürfen sie bewundern

ihrer Wunder wegen

Pastorale

I.
Der Bach murmelt ...

Der Wald singt ...

Die Wiese zirpt ...

jetzt
äußere du dich dazu!

II.
Ja, ich war schön

in der Wiese
im Wald
im Wasser

... so weit mein Auge blickte!

Fügungen

I.
Die todgeweihte Schnecke
auf ihrem Weg nach hause
selbst sie
tut mir Leid
von oben gesehen ...

schon eine kleine Richtungsänderung
könnte sie retten ...

... manchmal
fühl' ich mich wie Gott

dann werfe ich sie
in hohem Bogen
woher sie kam
ins hohe Gras zurück
und ich freue mich ...

II.
Gott warf mich zurück
wie eine todgeweihte Schnecke
in das hohe Gras

damit ich leben kann
und nicht sterbe
auf meinem Weg
nach haus

und er freut sich
mein ganzes Leben lang glaub ich

Drei Klassiker

I.
Wie der Rabe
schreitet
in sicherer Entfernung -

so
soll Goethe
gedichtet haben!

II.
Novalis
fremd klingender Name -
ein Falke

ausgestorben in Büchereien

... stößt man zufällig
auf ihn

III.
Auch Hölderlin
heulte sich aus

von ferne seh' ich ihn
im Gartenhaus sitzen

am Fenster

die Sprünge
zählen seiner Seele

Kuhfladen
(Kritikergedicht)

Ein Gedicht
von einem Haufen -

so

mach weiter!

Erste Fremdsprache

Sensibel
wie der Gehänselte
der schulgerecht
Gerichtete

Die Lehrer-

schaft

schachtelte
bis er matt war ...

Kleine Ernte

Ich lese
in dir, Blatt
das Grün
stundenlang ab

bis auch mein Traum
dahinwelkt
und abfällt

im Atem
schwingt' s
heiter lacht
der Baum auf

verträumt
schüttelt er
eine längst gereifte Frucht
von mir

Donauwellen

In den Garten des Paradiesvogels
führt nur der Lauf des Flusses

der Fisch hat's da leicht
ihm die Feder türkisfarben
abzuschau'n

in schaumgeschlagenen Wellen glänzt er
auf ...

hier
sieht man ihn noch

hinter der Biegung teilt der Fluss ihn
in seine ursprünglichen Teile

Gräte
Schuppe auf,
Blauauge ...

Märchenstunde

Unberührt
brannte die Nessel am Bach
trank
vom giftigen Schauer

da entthronte
an einer Eiche sich der Hirsch
Vögel flohen das Land

und selbst der Wald
konnt' sich nicht halten
und wich

damals
wie heute
die Brennesel stand

war die Heimat des Hirsches
an der dicken Eiche dort
warf er das Geweih ab

ab hier
brannte die Nessel am Bach
ertrunken am giftigen Schauer ...

Plumpsklo

Der Ort,
an dem man die Nase rümpft

über die einzige, richtige
Antwort

manchmal

Kleines Gericht (Abendmahl)

I.
Fern verklingt
ein fallender Tropfen
und überschwemmt die Welt

und ich
ertrinke
dürstend nach ihr

"... nimm mich,
deinen Durst zu löschen
in meinen Adern schlägt
dein Durst

in verträumten Wellen
ans Ufer!"

II.
Der Himmel stimmt an
Gottes seligen Gesang
in tausend Stimmen
singen Schuld und Sühne,

die Unschuld zu preisen!

Alles lauscht
dem seligen Gesang
von Blitz und Donner
erschlagen ...

III.
Eine Wiese blüht
schaut jedes Jahr,
ob die Welt noch steht

beschämt
schau ich zu den Wolken auf

meinen Grabstein
bewüchse kein Halm mehr ...

Erntedank

Herz voll zu tun:

erröten
zittern

heiraten

unterm Apfelbaum.

Luftballon

Leicht
wie die Erde im All
treibt unser Traum vom Leben
noch blau
von der Berührung Gottes

in den Himmel auf

und alle Kinder staunen
wie weit oben
wir schon schweben

wie nah
dem Urknall wir schon sind

wie nah wir
der göttlichen Schöpfung
einst lebten.

Spatzenlärm

I.
Ach, lief
meine Hand
tastend zur Tür
und klopfte

sonnenlicht würd's sagen:
komm' herein -
schnell ...

lief eine Träne
in den Garten ihrer Augen,
meine zu weiden ...

II.
Die Baumseele treibt mich,
zu knospen
doch

blühen durft' ich nie!

... doch atmen
im Rausch einschlummern
und warten

auf dich, Vogel!

vom Schnabel
bis zur Kralle

III.
Ich lernte,
meine Hand zu lieben
meine Haut
zu rühren

jede kleinste Pore
entfaltet Gänseblümchen!
als würden Träume
für dich zupften

VI.
Amseln voller Blüte, dort,
wo Zweige singen
und Blumen für dich bluten

öffnen Wunder
Lider voller Augenblicke ...

"klipp-klapp,
klipp-klapp,
klipp-klapp ..."

VII.
Bald
wird auch der Vogel in dir
schweigen

der dich, Baum, umwirbt

... wenn du stirbst
wird meine Liebe ohne Rinde,
ohne Lippen sein -

ohne dem verästelten Geheimnis
ihrer Seele

ohne dem Tautropfen
auf ihrer wundgestreichelten Hüfte

Auswege

I.
Die Mauer
kann erklommen werden
indem man
alle Schwerkraft
aufhebt

im Raum
der eigenen Sprache
rutscht man
fast widerwillig auf ihr
entlang

II.
Tasten regnet's
auf die Jahrhundertwende
das Thermostat
konstant gehalten

wohl temperiert
trauert eine kalt krächzende Geige

III.
Schach der Natur:

die höchste Schlucht
geschlagen!

aus ihr
steinern wir
'was Neues

und nennen's
Wolkenkratzer

IV.
Bäume leben fast
wie früher:

gefällt
in Erde gebettet
für immer stumm ...

... nur ihr Rauschen
hört man heut' kaum mehr

V.
Der rote Ziegelstein
hatte Freundschaft geschlossen
mit dem Moos

den Baum
hatte es erfreut
und rauschte sein Lied

zusammen wurden sie
bis zur Wurzelspitze
abgezogen

VI.
Der Fluss
bekommt das Prädikat
einer Straße

schwarz und gerade

darin ertrinken wir und
sprechen über
Leistungsnachweise

VII.
... und selbst der Apfel fällt

auf

... die Wiese!

VIII.
Der Hahn kräht
seine Hennen herbei

am fließenden Band
verlieren sie den Kopf

noch am selben Tag
sind sie verdaut

IX.
Buchstaben lagen
wie Eisenträger

getragen von Fleisch
und Knochen gebrochen

schrieb er es
nieder

X.
Still hält
das Maul
das in einer Linie
kaut

unter Wasser
über was er ...

die Seekuh
darunter

XI.
Aufzeigend
die Narben
im Augapfel

der leckt
den Papierwurm

nass
benetzt
das Blickwinkelsystem
systematisch

XII.
Tränte trennend
ein verfallener Traum
trauernd tief
in mich hinein

trauerte ein tiefer
Trauerumwundener
tastend täglich
talwärts ein

tröstlich treffend
drängten Tränen
triumphierend tiefer
in mich ein

tröstend taumelten
Schmetterlinge
tief ins Unbewusste
wieder heim

Die Natur

Sie stirbt dahin
ihr weißer Leib
verblutet ...

Ach, nehmt sie
vom Kreuz -
alle Unschuld
gibt sie uns wieder!

Wolkenspiel

Weißes Pferd
im Galopp so schnell
verspielt -
ein Wölkchen am Himmel!

Ach, könnt' ich
auf deinem Rücken
hin zu meiner Liebsten reiten -
als Prinz
sie zur Prinzessin machen!

Weißes Pferd
im Galopp -
schon kommt ein Wind ...

Die Wolke ist zerrissen!

Kriegsgedicht

Die verheerenden Folgen
eines Gedichts:

Erdbeeren

vielleicht -

Walderdbeeren ...

Tipp

Zur Pflicht gemacht:
müde zu sein
zur Nacht -

die beste Zeit
zum Meditieren über

Schlaflosigkeit

Selbst-Los

Es war eine Amsel
die konnte nicht singen
öffnete sie den Schnabel
wollt' ihr kein Laut gelingen

Da ergab es sich
dass sie einen seltsam' Vogel traf
dem, öffnete er den Schnabel
kein Laut gelingen wollte ...

Die Amsel nahm sich
seiner an -
hatte sie doch Mitleid
mit dem Stummen!

Die Phantasie

Sie vermag dem scheinbar Toten
Sinne zu verleihen,
den Körper zu beseelen;
sie treibt den Menschen zum Glauben
zu Höherem und Schönem.

Liebesnacht (Nocturne)

Hör,
wie leise es singt
aus offener Wunde
ein quellendes Wasser
hervor
aus weißem Felsen -
blutüberströmt ...

bäumt
sich ihr Leib
unter Zittern
hör,
wie leise ...

es singt,
wenn die Waldmaus ertrinkt
im seichten Tümpel,
der kein Ufer mehr hat ...

Stillliebe

Die Tasse
aus der du trankst
zärtlich
berühre ich sie

mit meinen Lippen, dort
wo deine sie
nichtsahnend küssten

Ruhiger Schlaf

Ich weiß, sie liegt
in ihrem Bett
wie ich in meinem

Ich weiß, sie hält
das Kissen umarmt
wie ich das meine

Oh, ich weiß, sie träumt
und dort werden wir
uns treffen!

Obststand (Wahre Liebe)

1.
Ein Apfel
liegt faul im Gras ...

... so schön kann das Leben sein!

II.
Denn ...

die kleine Made
geht dem Apfel durch den Kopf
wenn er faulenzt

im Gras ...

... das Mädchen seinerseits
will ihn unbedingt
für sich alleine!

Zirkus

Tri-tra-tralla-la,
der Zirkus, der ist da!
Da wird gegaukelt
und verführt,
gelogen und betrogen!
Da ist der Clown
so bunt bemalt,
mit breiten Lippen -
ja, die Masse,
die hat Wirkung!
Und die Blaskapelle,
sie ist auch schon da,
die Sinne zu betäuben!
Da geht es nur noch
Tri-tra-tralla-la,
der Zirkus, der ist da,
der ...

Das Wunder

Auf das Wunder warten,
das nie
eintritt,

weil man längst herausgetreten ist!

Mitten im Leben aufeinmal
erscheint es,
wenn man nur
hineinblickt:

das Wunder,
das nie
eintritt,

weil es längst schon
eingetreten ist ...

Monette

Noch schmiert Geld
das Getriebe,
bald

werden wir's
sein ...

... uns selbst
zwischen die Räder zu legen

Unsere Namen

Mein' eigen' Namen
hör' ich gar so gern,
wenn meine Liebste
mich so nennt ...

es geschieht nicht oft,
nur dann und wann,
wenn's der Zufall will -

ach, und ihren
sprech' ich gar so gerne
leise vor mich hin!

Erwachen

Amseln wundern sich
am Morgen

ihr Lieblingsbaum
blutet

sich aus
an verdorrten Ästen klammern
sie sich und erzählen

vom Tal eines Märchens

steil ab,
unangetastet, damals noch, als

Rotkäppchen den Wolf vernaschte
die Beeren einfach
ignorierte

die Zwerge, die darauf standen
und wachten, die alte
Witwe, die zur Hölle fuhr

der Schnee
der nun bald käme
und Schneewittchen, das vergeblich
wartet auf den Prinzen.

Narzissmus

Der Blick
In den Himmel hinein
Zurück
Zu mir
Das
Was ich einst war
Kann ich nur erahnen
Die Rätsel
Werden nicht kleiner
Mit der Zeit ...
Einst konnte ich
In das Spiegelbild
Mich versenken
Heute bleibe ich
Zurück
Und sehe nicht mich
Sondern die Welt
Wie sie ist:
Sterblich und vergänglich
Ist sie
Wie ich

Zuspruch

I.
Natürlich
geht es irgendwie weiter
hinunter
natürlich
blüht der Baum weiter (irgendwie)
und natürlich
schwimmen die Fische im Fluss
irgendwie weiter
stromaufwärts
oder stromabwärts
auf der Wasseroberfläche treibend
mein Gehirn ist voll davon
natürlich
geht irgendwie
alles weiter
wie bisher

II.

Vergeblich
klopfte der Specht
an,
alles war ausgezogen, der
Baum
stand allein,
Blätter tropften welk, noch
eine Frucht warf er aus,
die traf
zielgerecht
auf
frisch gegossenes Beton ...
das sah auch der Specht ein
und flog davon

Donauflut

Es flieht das Wasser
dem Fluch

geschwärzt

erreicht
es das Schwarze Meer ...

O, wie befleckt muss sie sein!

Aus Ufern

Schön
wie die Nacht sternklar
verfinstert sich mein Blick
als ich in den tiefen Fluss sah
da schwamm etwas
das roch
seltsam vertraut:
mein Kot.

Das Ende

Gott weint
lange schon
länger als die Zeit zählt
so alt
wie der Zweig, da er
noch jung war
Blüten trug
und Blätter
Gott weint
lang schon
hat er seinen Himmel
über diesen Traumstern
aufgeschlagen
wo der Zweig
noch jung ist,
Blüten trägt
und Blätter ...